中医药文化启蒙教育系列教材

写给少儿的中医名医故事

主　审　毛春燕

主　编　王凤丽

副主编　刘　轩　欧阳斌

编　委　(以姓氏笔画为序)

王允娜　王明清　牛彦辉

杨　频　寇　宁

全国百佳图书出版单位

中国中医药出版社

· 北　京 ·

图书在版编目（CIP）数据

写给少儿的中医名医故事 / 王凤丽主编 . —北京：
中国中医药出版社，2022.6
中医药文化启蒙教育系列教材
ISBN 978-7-5132-7576-7

Ⅰ . ①写… Ⅱ . ①王… Ⅲ . ①中医师—生平事迹—中
国—少儿读物 Ⅳ . ① K826.2–49

中国版本图书馆 CIP 数据核字（2022）第 076904 号

中国中医药出版社出版
北京经济技术开发区科创十三街 31 号院二区 8 号楼
邮政编码　100176
传真　010-64405721
河北省武强县画业有限责任公司印刷
各地新华书店经销

开本 710×1000　1/16　印张 6　字数 52 千字
2022 年 6 月第 1 版　2022 年 6 月第 1 次印刷
书号　ISBN 978 – 7 – 5132 – 7576 – 7

定价　59.00 元
网址　www.cptcm.com

服 务 热 线　010-64405510
购 书 热 线　010-89535836
维 权 打 假　010-64405753

微信服务号　zgzyycbs
微商城网址　https：//kdt.im/LIdUGr
官 方 微 博　http：//e.weibo.com/cptcm
天猫旗舰店网址　https：//zgzyycbs.tmall.com

如有印装质量问题请与本社出版部联系（010-64405510）

前　言

　　中医药文化是传统文化中不可或缺的组成部分，其在千百年的发展历程中积累了极为丰富的内容，承载着古圣先贤防治疾病的经验和理论知识，并以其实效性和独特性引起当今世界的日益关注。特别是在抗击新冠肺炎疫情过程中，中医药做出了突出贡献，彰显了中医药的智慧和力量，展现了中医药的巨大魅力。国务院印发的《中医药发展战略规划纲要（2016—2030 年）》明确提出要"推动中医药进校园、进社区、进乡村、进家庭，将中医药基础知识纳入中小学传统文化、生理卫生课程"。《关于促进中医药传承创新发展的意见》要求"实施中医药文化传播行动，把中医药文化贯穿国民教育始终，中小学进一步丰富中医药文化教育"。为此，我们编写了《中医药文化启蒙教育系列教材》，向少年儿童集中展现中医药悠久的历史、科学的理论、独特的治病方法和良好的治疗效果，将趣味性和知识性融于一体，潜移默化中帮助少年儿童了解中医药、认识中医药，以增强其文化自觉和文化自信。

　　本书以历史年代为顺序，对当时有代表性的著名医家进行介绍，以突出中医药文化的特色。在对每个中医名医介绍的过程中，都依据少年儿童的认知特点，以故事为引领，使少年儿童在通俗易懂的故事中了解中医药、学习中医药；再通过故事情节引出中药，并展示中药的原植物图和饮片图，使少年儿童对中药材的原植物和饮片有一个较为全面的认识。同时，设计了歌诀、谚语和谜语，从而使少年儿童读故事、看药材、背歌诀、猜谜语、学知识。

　　本书主题简洁明确，插图精致优美，内容深入浅出，趣味性强，寓教于乐，是专为小学生量身打造的精美生动的科普读物，适用于小学3～5年级学生课外阅读或第二课堂兴趣班教学使用。

　　在编写过程中，编者查阅了大量的文献资料，并多方征求小学教师及中医药专家的意见，几易其稿，逐步地完善了相关内容及形式。

　　为了探索"中医药文化启蒙教育综合实践活动"的配套教材，我们在编写思路、内容和形式上进行了改革与创新。由于我们的学识及编写水平有限，其中仍然会有疏漏之处，敬请各位专家、同行及读者予以批评指正，以便再版时修订提高。

王凤丽

2022 年 2 月

目 录

名医简介

　　扁鹊（公元前407年—公元前310年），真实姓名是秦越人（qín yuè rén），又号卢医（lú），为战国时期医学家。他善于运用四诊，尤其是脉诊和望诊来诊断疾病。扁鹊诊治疾病的经验，对我国医学发展有较大影响。因此，医学界把扁鹊尊为我国医学的祖师。

扁鹊是人民崇敬的"喜鹊"

他为什么被称为"扁鹊"呢？因为医生治病救人，走到哪里，就为那里带去安康，如同啼声悦耳的喜鹊，飞到哪里，就给那里带来喜讯。因此，古人把那些医术高明的医生称为扁鹊。秦越人在长期医疗实践中，刻苦钻研，努力总结前人的经验，大胆创新，成为一个学识渊博、医术高明的医生。他走南闯北，真心实意地为人民解除疾病的痛苦，获得人民普遍的崇敬和喜爱，于是人们也尊敬地把他称为扁鹊。

扁鹊善于运用四诊，尤其是用脉诊和望诊来诊断疾病。有一次，扁鹊到晋国，晋国卿相赵简子由于专心国事，用脑过度，突然昏倒，五天不省人事。大夫急忙召扁鹊诊治。扁鹊按了脉，从房里出来。下人跟随扁鹊探问病情，扁鹊沉着(zhuó)地说："病人的脉象正常，不必大惊小怪！不出三日，他就会康复的。"果然过了两天半，赵简子就醒过来了。扁鹊正是通过脉诊为赵简子进行了正确的诊断，而这种运用切脉诊断疾病的方法正是由扁鹊首先创立的。

扁鹊用一生的时间，认真总结前人和民间经验，结合自己的医疗实践，为中医学做出了卓越(zhuó yuè)的贡(gòng)献(xiàn)。扁鹊的医学经验，在我国医学史上占有承(chéng)前启(qǐ)后的重要地位，对我国医学发展有较大影响。

扁鹊与齐桓公

一天，扁鹊来到齐国都城，见到了齐国的国君齐桓公。他见齐桓公气色不好，就对他说："您的皮肤生病了，如果不抓紧治，会变严重的。"齐桓公听了不以为然，说："我没病。"扁鹊见他不听劝告，只好走了。过了五天，扁鹊又来见齐桓公。他观察了齐桓公一番，对他说："您的病现在蔓延到了血脉，如果再不治，会更严重的！"齐桓公听了很不高兴，他认为自己根本没有病，也没有把扁鹊的话放在心上。

过了五天，扁鹊又来见齐桓公。这次，他更加仔细地观察齐桓公，然后说："您的病已经蔓延到了肠胃之间，再不治就没救了！"齐桓公以为扁鹊是骗人的，根本没有理睬扁鹊的话。又过了几天，扁鹊第四次见齐桓公时，什么也没说，就慌张地跑开了。齐桓公看见他慌张地跑开，就派人去问是怎么回事。扁鹊说："皮肤生了病，用热敷可以治好；血脉生了病，用针灸可以治好；肠胃生了病，用汤药也能治愈。现在齐桓公的病已经深入骨髓，再也没法治了，我只好躲开。"又过了五天，齐桓公果然病重，不久就病死了。

这件事流传开来，大家都说："扁鹊只要看一眼，就知道病在哪里，他真是位神医啊！"

厚朴（原植物）

厚朴（饮片）

【歌诀】

厚朴苦温，消胀泄满，

痰气下利，其功不缓。

【谚语】

腹胀呕吐求良药，药到病除数厚朴。

【谜语】

忠厚朴实——打一中药名。

名医简介

华佗（约公元145年—公元208年），名旉（fū），字元化，汉末沛国谯（qiáo）（今安徽亳州（huī bó））人，东汉末医学家，与董奉（dǒng fèng）、张仲景（zhòng）并称为"建安三神医"。擅长（shàn）内、外、妇、儿、针灸（jiǔ）各科，尤（yóu）其是外科更见长（cháng），他创立的"麻沸散（fèi sǎn）"为世界医学史上最早的全身麻醉药。

华佗刮骨疗毒

在关羽攻打樊城时，被毒箭射中右臂。将士们取出箭头一看，毒已渗入骨头，劝关羽回荆州治疗。关羽决心攻下樊城，不肯退兵。将士们见关羽箭伤逐渐加重，便派人四处打听名医。一天，有人从江上驾小舟来到寨前，自报姓华名佗，特来给关羽治伤。关羽问华佗怎样治法？华佗说："我怕你害怕，立一柱子，柱子上吊一环，把你的胳膊套入环中，用绳子捆紧，再盖住你的眼睛，给你开刀治疗。"关羽笑着说："不用捆。"然后吩咐设宴招待华佗。关羽喝了几杯酒就与人下棋，同时把右臂伸给华佗，并说："随你治吧，我不害怕。"华佗切开肉皮，用刀刮骨。在场的人吓得用手捂着眼。再看关羽，一边喝酒，一边下棋。过了一会儿，血流了一盆。骨上的毒刮完，关羽笑着站起来对众将说："我的胳膊活动自如，好像从前一样。华佗先生，你真是神医呀！"华佗说："我行医(xíng)以来，从没见过像你这样了不起的人，将军乃(nǎi)神人也。"

华佗与五禽戏

　　华佗是古代医疗体育的创始人之一。他根据"流水不腐，户枢不蠹"的原理，创造了一种叫作"五禽之戏"的体育运动。这种体育运动就是模仿虎、鹿、熊、猿、鸟五种禽兽运动姿态的体操。第一种动作是模仿虎前肢扑捉的姿态；第二种动作是模仿鹿伸扬头颈的姿态；第三种动作是模仿熊侧卧的姿态；第四种

动作是模仿猿脚尖纵跳的姿态；第五种动作是模仿鸟双翅飞翔的姿态。模仿这五种动物姿态，可以使周身关节、脊背（jǐ bèi）、腰部、四肢都得到舒展（shū chēn）、抻拔。体质衰弱（shuāi ruò）的人，练了"五禽之戏"，可以使体魄（tǐ pò）健壮起来；患病的人，练了"五禽之戏"，可以加速康复的进程；年迈的人，练了"五禽之戏"，可以返老还童、容颜焕发（huàn）、精神旺盛。华佗弟子吴普，由于几十年坚持做"五禽之戏"，活到九十多岁，仍然步履轻捷（lǚ jié）、耳目聪明、牙齿坚固。可见，"五禽之戏"是行之有效的健身法。

华爷爷，五禽戏里怎么没有我喜欢的小猫猫呢？

11

华佗与麻沸散

　　有一天，华佗为一个患烂肠痧（即现在的阑尾炎）的病人破腹开刀，累得筋疲力尽。为了解除疲劳，他喝了些酒。华佗因劳累过度，加上空腹多饮了几杯，一下子喝得酩酊大醉。他的家人被吓坏了，用针灸针刺入穴位，华佗没有什么反应。过了两个时辰，华佗醒了过来。家人把刚才他喝醉后给他扎针的经过说了一遍。华佗听了大为惊奇：为什么给我扎针我不知道呢？难道说，喝醉酒能使人麻醉而失去知觉吗？华佗做了几次试验，得出结论是：酒有麻醉人的作用。后来动手术时，华佗就叫人喝酒来减轻痛苦。可是有的手术时间长，切口大，流血多，光用酒来麻醉还是不能解决问题。后来华佗行医时碰到一个奇怪的病人：病者牙关紧闭，口吐白沫（mò），拳头紧握（quán），躺在地上不动弹（tan）。华佗看他神态，按他的脉搏，摸他的额头，一切都正常。他问病人过去患过什么疾病，病人的家人说："他身体非常健壮，什么疾病都没有，就是今天误吃了几朵臭（chòu）麻子花（又名曼陀罗花（màn tuó luó）），才出现了这种症状。"华佗听了，连忙找了一棵连花带果的臭麻子花闻了闻，尝了尝，顿时觉得头晕（yūn）目眩（xuàn），满嘴发麻。华佗用清凉解毒的办法治愈（yù）了这位病人。从那天起，华佗开始对臭麻子花进行研究，他先尝叶，后尝花，然后再尝果根。研究结果表明，臭麻子果麻醉的效果很好。

华佗又走访了许多医生，收集了一些有麻醉作用的药物，经过多次不同配方的炮（páo）制，终于把麻醉药试制成功。他又把麻醉药和热酒配制在一起，麻醉效果更好。因此，华佗给它起了个名字——麻沸散。

曼陀罗（又名洋金花）
（原植物）

曼陀罗（饮片）

【歌诀】

平喘止咳为首用，麻醉镇痛再添功，
祛风止痉也可用，癫痫惊风样样行。

【谚语】

食能杀人，药能救人。

【谜语】

罗汉骑骆驼，西天路漫漫。

——打一中药名

14

名医简介

张仲景（公元 150 ～ 154 年—公元 215 ～ 219 年），名机，字仲景，南阳涅（niè）阳县（今河南省邓（dèng）州市穰（ráng）东镇张寨（zhài）村）人，东汉末年著名医学家，他辞（cí）官业医，博（bó）采众方，著成《伤寒杂病论》，是我国最早的一部理法方药俱（jù）备的经典著作，开创了中医学辨证（biàn zhèng）论治的先河，被后人尊（zūn）称为"医圣（shèng）"。

15

张仲景破迷信治疗精神病

　　古代封建社会，巫术盛行，巫婆和妖道乘势兴起，坑害百姓，骗取钱财。张仲景对这些巫医、妖道非常痛恨。

　　有一天，他遇见一个妇女，一会儿哭一会儿笑，总是疑神疑鬼。病人家属听信巫婆的欺骗，以为这是"鬼怪缠身"，要请巫婆为她"驱邪"。张仲景观察了病人的气色和病态，又询问了病人的有关情况，然后对病人家属说："她根本不是什么鬼怪缠身，而是受了较大刺激造成的，她的病完全可以治好。而真正的鬼怪是那些可恶的巫婆，她们是'活鬼'，千万不能让她们缠住病人，否则病人会有性命危险。"

　　在征得病人家属同意后，他研究了治疗

方法，为病人扎了几针。几天后，那妇女的病慢慢好起来。张仲景又为她治疗了一段时间她
quán
就痊愈了。从此，一些穷人生了病，便不再相信巫医的鬼话，而是找张仲景治病。

崇尚科学，
反对迷信

张仲景治感冒

你和前面那位得一样的病啊！

有一次，两个病人同时来找张仲景看病，都说头痛、发烧、咳嗽（ké sou）、鼻塞（sè）。经过询问，原来二人都淋（lín）了一场大雨。张仲景给他们切了脉，确诊为感冒，并给他们开了荆芥（jīng jiè）等（děng）相同的药。

第二天，一个病人的家属早早就跑来找张仲景，说病人服了药以后，出了一身大汗，但头痛得比昨天更厉（lì）害了。张仲景听后很纳闷儿（nà mèn），以为自己诊断出了差错，赶紧跑到另一个病人家里去探（tàn）望。病人说服了药后出了一身汗，病好了一大半。张仲景更觉得奇怪，为什么同样的病，服相同的药，疗效却不一样呢？他仔细回忆昨天诊治时的情景，猛然想起在给第一个病人切脉时，病人手腕上汗多，脉也较弱，而第二个病人手腕上却无汗，他在诊断时忽略了这些差异。病人本来就汗多，再服下发汗的药，不就更加虚弱了吗？这样不但治不好病，反而会使病情加重。于是他立即改变治疗方法，给病人重新开方抓药，结果病人的病情很快便好转了。

荆芥（原植物）

荆芥（饮片）

【歌诀】
　　荆芥味辛，能清头目，
　　发汗祛风，治疮消瘀。
【谚语】
　　荆芥配防风，祛风立大功。
【谜语】
　　楚汉相争，荆棘为界——打一中药名。

名医简介

　　王叔和（公元 201 年—公元 280 年），名熙，魏晋医学家。生于东汉末年，山阳高平（今山东省微山县两城镇）人。在中医学发展史上，他做出了两大重要贡献，一是整理《伤寒论》，二是著有系统完整的脉学专著《脉经》一书。

21

王叔和与《脉经》

　　王叔和幼年时家中贫寒，缺衣少食，严酷的生活现实，使他从小就勤奋好学，谦虚稳重。他特别喜爱医学，读了不少古代医学典籍，渐渐学会了诊脉治病的医术。开始行医的时候，因为家境贫穷，衣衫破旧，人们瞧不起他。他只好背着药箱四处流浪，常常食宿无着。由于他对脉学很有些研究，慢慢也治好了许多疑难病人，请他看病的人越来越多，他的名声也就越来越大，逐渐传遍了整个洛阳城。王叔和三十二岁那年被选为魏国少府的太医令，魏国少府中藏有大量历代著名医典和医书，存有许多历代的经验良方。王叔和利用当太医令这个有利条件，阅读了大量的医药学著作，为他攀登医学高峰奠定了坚实的基础。

后来，王叔和经过几十年的精心研究，在吸收扁鹊、华佗、张仲景等古代著名医学家的脉诊理论的基础上，结合自己长期的临床经验，终于完成了我国第一部完整而系统的脉学专著——《脉经》，共计 10 万多字，10 卷，98 篇。《脉经》总结发展了西晋以前的脉学经验，系统归纳了 24 种脉象，使脉学正式成为中医诊断疾病的一门科学，为后世脉学的发展奠定了基础。

《脉经》终于完成了~

王叔和棺材中救人

　　太行山下有个济州城，城里有家"济生堂"药店，这店里前些日子新聘（pìn）了位坐堂医生。那坐堂的虽说新来乍（zhà）到，治病配药却颇（pō）为神通，而且特别精于治疗内科各种病证。一天，济州城里有一人家出殡（bìn），棺材从济生堂抬过时，沥（lì）下几点鲜血。正在柜台前坐堂的先生，瞥（piē）见血迹，陡（dǒu）然一惊，再定睛细看后，就大声叫道："那出殡的，如何将活人往外抬？"出殡的队伍乱了套，几个后生以为他有意找事，扯住他就要打。吹鼓手是个老者，见多识广，看坐堂先生不像胡言乱语之人，唤过家中主人叫他裁夺（cái）。主人叫午逢生，棺材里的正是他的妻子贾氏（jiǎ shì），年仅二十八岁，因产子过程中血崩（bēng）暴亡。按照当地风俗，年轻女人死于流血等症，统称"血光之灾"，为不连累家人，必须及早入殓安葬。当日贾氏刚刚昏死，族中长者便张罗出殡。这午逢生中年丧妻，无限悲伤，听坐堂先生说明情况后，连忙叫人把棺盖撬开，坐堂先生按住死者的人中穴，顷刻之间，那贾氏时而换气，继而呻吟，再而略睁双目，竟然醒了。这一件医案，轰动了济州城，大家一打听才知道这位坐堂医生叫王叔和，一时间此事一传十、十传百，人们都称王叔和是当今扁鹊、再世华佗。种种奇异传闻，传到了都城许昌，王公大臣们便三聘五请，硬把王叔和请到京都里当了太医令。

草果（原植物）

草果（饮片）

【歌诀】

草果辛温归脾胃，温中逐寒祛痰积，
心腹冷痛呕吐泻，痰饮胸满湿疟痢。

【谚语】

常山与草果，摆子无处躲。

【谜语】

情愿仓促了结之——打一中药名。

　　皇甫谧（公元215年—公元282年），幼名静，字士安，自号玄晏_{xuán yàn}先生，安定朝_{cháo}那（今甘肃省灵台县）人。他所著的《针灸甲乙经》是现存最早且较完整的针灸学著作。

针灸大师 皇甫谧

皇甫谧出生于一个贫苦的农舍中。皇甫谧年轻时拜乡里著名的学者席坦为师，数年以后，他已成为一个远近闻名的学者。他一生研读经典册籍，为了将知识传播他人而著书立说，为后世立言。

四十二岁时病魔突然降落在皇甫谧身上，他大病一场。这年天气不好，雨水很多，终日不见太阳，屋里潮湿。皇甫谧感到半边身体酸痛不已，行动不能自主，家人赶紧请人给他医治。医生经过切脉，诊断为风痹病。风痹病在当时是一种比较难治的疾病，这对皇甫谧是一个沉重的打击，不仅严重影响他的生活，而且给读书带来很大不便。但他是一个有毅力的人，一方面坚持用针灸治疗，一方面开始学习针灸。这场病改变了他的人生道路，促使他对医学产生了兴趣，他专心钻研医学，熟读诸子百家的典籍，又研读了《黄帝内经》《明堂孔穴针灸治要》等医书。为了证实医书上说的是否有道理，他多次在自己身上试针，有些穴位自己扎不到就叫家人帮忙。坚持数年后，病情有所稳定。他对治病的信心越来越强，对医学研究的兴趣越来越浓厚。就在这时，他又遇到了一次更为沉重的打击，因为服用一种名叫寒石散的药，他又得了一场大病。身体发热，寒冬时尚须袒露身体服食冰雪，夏天则更烦闷不堪，并伴有咳嗽、喘、浮肿和四肢酸重等症状，时刻处于病危之中。寒石散又称为"五石散"，由五种矿物类药物（钟乳、硫黄、白石英、紫石英、赤石脂）组成。寒石散本是一种治疗伤寒的药，当时却成了士大夫们津津乐道的时尚消费品。他们普遍认为，服了这种药，人可以像金石那样坚实不朽，以致"心性开朗，体力转强"，甚至可以长寿成仙。实际上，寒石散是有毒性的，长期服用会中毒。

皇甫谧原本就有风痹病，又添新病。疾病的折磨考验了他的意志，求生的欲望又促使他研读医学典籍，而针灸治疗风痹病的效果使他更加对针灸产生了浓厚的兴趣，于是他广泛研读针灸文献，终于成了一位针灸大师，于公元259年著成了《针灸甲乙经》。《针灸甲乙经》是现存最早且较完整的针灸学著作。

赤石脂（饮片）

赤石脂（原矿石）

【歌诀】

赤石脂温，保固肠胃，
溃疡生肌，涩精止痢。

【谚语】

官桂善能调冷气，若逢石脂便相欺。

【谜语】

石油战争，血流成河——打一中药名。

名医简介

  孙思邈（公元541年—公元682
年），京兆华原（今陕西省铜川市耀州
区）人，唐代医药学家，著有《备急千
金要方》《千金翼方》，创立脏病、腑
病分类系统，被后人尊称为"药王"。

孙思邈治疗夜盲症

在孙思邈的家乡，一些山区的老百姓中，有些人白天视力正常，一到了晚上，什么也看不见了，他们感到很奇怪，便找到孙思邈进行诊治。孙思邈经调查发现，患这种病的都是穷苦人家，他看到穷苦百姓劳苦终日，得不到温饱，更缺乏营养。他想到医书中有"肝开窍于目"的说法，又想到五台山区的飞禽和野羊、野猪很多，便让夜盲症病人吃这些动物的肝脏。病人吃上一段时间，夜盲症便慢慢地好转了。

同时，在当地有几家富人找他看病，这些病人脚胫日趋浮肿，肌肉疼痛，浑身无力，孙思邈诊断为脚气病。他想："为啥穷人得的是夜盲症，富人得的是脚气病呢？这很可能也和

33

饮食有关系。"他比较了穷人和富人的饮食，富人多吃精米白面，鱼虾蛋肉，而穷人多吃五谷杂粮，他仔细一分析，粗粮内夹(jiā)杂着不少米糠(kāng)麸(fū)子，精米白面把这类东西全去掉了。于是他试着用米糠和麦麸来治疗脚气病，果然很是灵验，不到半年，周围几家富人的脚气病都陆续治好了。

后来，他还发现用杏仁、吴茱(zhū)萸(yú)等几味中药也能治好脚气病。

大娘，有空了也要去买些动物肝脏来吃，能治夜盲症啊！

吴茱萸（饮片）

吴茱萸（原植物）

【歌诀】

　　吴萸辛热，能调疝气，
　　脐腹寒痛，酸水能治。

【谚语】

　　止痛呕泻吴茱萸，降逆温肾有丁香。

【谜语】

　　没猪没鱼咋过年——打一中药名。

35

名医简介

　　钱乙（约 1032—1117 年），字仲阳，宋代东平（现山东省东平县）人，是我国宋代著名的儿科医家。他所著的《小儿药证直诀》，是我国现存的第一部儿科专著，使儿科自此发展成为独立的一门学科。后人视之为儿科的经典著作，后人尊称他为"儿科之圣""幼科之鼻祖"。

钱乙黄土治肾病

　　钱乙曾做过一段时间的翰林医官。一天，宋神宗的皇太子突然生病，请了不少名医诊治，毫无起色，且病情越来越重，最后开始抽筋。皇帝见状十分着急。这时，有人向皇帝推荐钱乙。于是，钱乙被召进宫内。皇帝见他身材瘦小，貌不出众，有些小看他，但既然召来，只好让他为儿子诊病。钱乙从容不迫地诊视一番，要过纸笔，写了一剂"黄土汤"的药方。心存疑虑的宋神宗接过处方一看，见上面有一味药竟是黄土，不禁勃然大怒道："你真放肆！难道黄土也能入药吗？"钱乙胸有成竹地回答说："据我判断，太子的病在肾，肾属北方之水，按中医五行原理，土能克水，所以此症当用黄土。"宋神宗见他说得头头是皇上，黄土乃"灶心土"，也就是土灶底部中心的黄土块儿。

道，心中的疑虑已去几分。正好这时太子又开始抽筋（cuī），皇后在一旁催促道："钱乙在京城里颇（pō）有名气，他的诊断很准确，皇上勿（wù）虑。"于是，皇帝命人从灶中取出一块焙（bèi）烧过很久的黄土，用布包上放入药中一起煎汁。太子服下一剂后，抽筋便很快止住。用完两剂，病竟痊愈如初。这时，宋神宗才真正信服钱乙的医术，把他从翰林医官提升为有很高荣誉的太医丞（chéng）。

灶心土（原态）

灶心土（饮片）

【歌诀】
止呕止泻灶心土，
温经止血固冲宫。

【谚语】
小孩子发烧不用哭，
灶心土调蛋清脚心敷。

【谜语】
灶台里的泥巴——打一中药名。

名医简介

　　刘完素（约 1110—1200 年），字守真，河间（现河北省河间市）人，世称刘河间。刘完素是中国医学史上"金元四大家"之一，他从 25 岁开始研究《黄帝内经》，直到 60 岁从未中断。他学识渊博（yuān bó），创制了很多治疗（liáo）伤寒病的方剂（jì），对后世温病学说有所启发，为中医学各学派（pài）的创立奠定（diàn）了良好的基础（jī chǔ）。

刘完素"一针救二命"

刘完素十二岁时，立志学医，由于勤奋好学，十余年后，即成为名医，深受村民爱戴。一天刘完素行医归来，路遇一出殡的，灵柩下鲜血直流，经观察血色，他肯定人还没有死，立刻恳求开棺治疗。开棺后，原来是一少妇难产殒命，刘完素认真切脉，观看少妇容颜，从药囊中取出银针，引针入穴。顷刻间，婴儿落地，少妇苏醒。全家人破涕为笑，感激万分。

从此，神医刘完素"一针救二命"的故事广为流传。

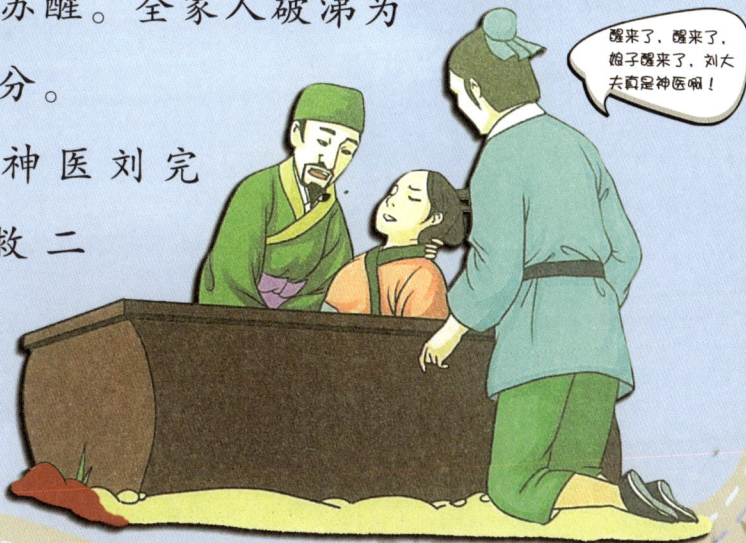

醒来了，醒来了，娘子醒来了，刘大夫真是神医啊！

名医简介

　　张从正（1156—1228年），字子和，号戴人，睢州考城县郜城乡（今河南省民权县王庄寨乡吴屯村）人。金代医学家，"金元四大家"之一。张从正对于汗、吐、下三法的运用有独到的见解，形成了以攻邪治病的独特风格，被称为"攻邪派"。

张从正巧妙治卫妻受惊案

　　春夏之交，江南有一卫姓商人，携妻子外出游玩，住宿在一家旅馆。半夜三更正好遇到一伙强盗抢劫，卫妻受到惊吓，从此以后，她只要一听见有异常的响声，便会昏倒在地。请了很多名医，多服人参、珍珠、柏仁、远志、龙骨、茯神等药物治疗，经治一年有余，仍不见疗效。后请张从正诊治，张从正细看前医处方，并无发现差错之处，观察病人面色也未见异常，切其脉象六脉平和。张从正沉思一会儿，便命两名家人抓住病人两只手臂，按坐于高椅之上，然后在她的面前放一张茶几，张从正指着桌子说道："请看这里"，他拿起棍子敲向桌子，"砰"的一声响，声音刚落，只见那卫妻即欲惊倒，张从正说："夫人，你看我用棍子敲打茶几，你有何可怕？"待她心神稍定，又敲打桌子，卫妻惊状减轻，反复多次，再敲打桌子时已无反应。然后张从正命人敲打门框，再敲打后窗。卫妻情绪稳定，家人笑问张从正："先生，你这算什么治病之法？"张从正答道："《内经》云，'惊者平之'。平即平常之意，见怪不怪，习以为常，习惯了自然也就不惊了。"病家闻之称是，医者闻之敬佩(pèi)。当晚，张从正又命人敲打门窗，卫妻居然不被闹醒，一觉睡到天明，自此顽(wán)病不药而愈。

难道说习惯成自然！

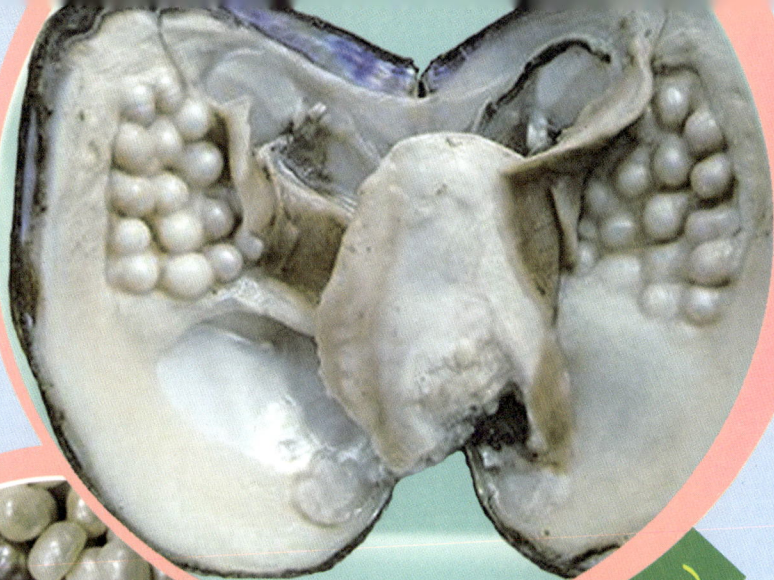

珍珠（原动物）

珍珠（饮片）

【歌诀】

珍珠之味甘寒咸，惊悸惊风与失眠，
目生云翳看不见，用它医治真灵验。

【药性】

在沙滩上深思，永远得不到珍珠。

【谜语】

爱护眼睛——打一中药名。

名医简介

　　李东垣（1180—1251年），名杲，
字明之，晚年自号东垣老人，真定（今
河北省正定县）人。"金元四大家"之
一，"脾胃学说"的创始人。主要著作
有《脾胃论》《内外伤辨惑论》等。

46

李东垣治大头瘟

　　李东垣在济源做税务官时，一年春天，不少人刚开始出现感冒的症状，可是很快就会头面肿大，眼睛难以睁开，咽喉疼痛，声音嘶哑，感觉呼吸困难，不久病情恶化，甚至死亡，老百姓都恐惧地称之为"大头瘟"。当时的医生查遍医书也找不到古人对此病的论述，只好用泻剂进行治疗，谁知不但无效反而使病人一个接一个地死去。

　　李东垣废寝忘食地研究此病，从症状到病因反复探讨，终于研制出针对此病的药方——普济消毒饮（由黄芩、黄连、牛蒡子等药组成），给病人服用后，很快就好了。为了能使更多的病人得到救治，他特意把药方刻在木板上，悬挂在人群聚集的地方，而服用了这种方药的人，没有不见效的。后来大家把这个方子刻在路口，让四方百姓抄去，遇到瘟疫热毒都可以用此方治疗，当时大家称之为"仙方"。

黄芩（原植物）

黄芩（饮片）

【歌诀】

黄芩味苦性寒凉，清热燥湿止血狂，
泻火解毒行内外，安胎宜炒保身康。

【药性】

黄芩止血安胎动，黄连解毒苦寒重。

【谜语】

皇亲国戚——打一中药名。

49

名医简介

　　朱丹溪（1281—1358年），名震亨，字彦修，元代著名医学家，婺州义乌（今浙江省义乌市）赤岸人。"金元四大家"之一，倡导"阳常有余，阴常不足"，善用滋阴降火的方药，为"滋阴派"（又称"丹溪学派"）的创始人。

朱丹溪治麻疹

　　朱丹溪在一次出诊回家的路上，路过一个池塘，看见有个姑娘正在池塘边洗衣裳。朱丹溪无意中看了一眼回过头的姑娘，不觉大吃一惊。急忙上前询问姑娘："姑娘，你的父母在哪里？"站在旁边的一位老者上前说："朱先生，我就是。"朱丹溪说："老兄弟，刚才我无意中看到这姑娘，发觉她有病积在体内，如不赶快透出，将有生命危险。你不妨问问你女儿，近日身体是否不适？是否还有点发烧？"姑娘点点头。朱丹溪说："这就是麻疹，已经闭了三天了。如再不透出，可就难治了。我开个发疹子的方子，你们赶紧抓来服下。"随后就开了含薄荷等解毒透疹的药方。这时姑娘的父亲恳求朱丹溪去他家留宿，一来是感恩，二来还要看看今夜能否真的出麻疹。朱丹溪当即^{jí}答应_{dā yìng}。这天后半夜，姑娘果然发烧，一检查，麻疹已经全部透出。第二天朱丹溪又开了调理_{tiáo}的药方，并告诉他们按时服用。不久姑娘的病就痊愈了。

薄荷（原植物）

薄荷（饮片）

【歌诀】

薄荷味辛，最清头目，

祛风化痰，骨蒸宜服。

【谚语】

小儿要安康，荆芥薄荷汤。

【谜语】

宽溪浅水长——打一中药名。

朱丹溪蚂蟥医疮

　　朱丹溪在行医过程中对穷人不惜花力气、赔药物，而对土豪劣绅则不轻易给他们开方用药。义乌赤岸镇上有个汪财主，性情刁恶，他生了个"对口"（生在后颈，因疮口对着脸部的嘴，故俗称"对口"），请了许多医生都不见效果，他知道朱丹溪的脾气，就扮作一个叫化子，躺在朱丹溪经常走过的路上。

　　这天，朱丹溪见一个"叫化子"在路上痛苦地呻吟，走近一看，见他颈后的"对口"患处已经发青，充满瘀血，很为同情。心想：用针挑呢，只怕瘀血一时难以排尽，施药也不会见效。左思右想，灵机一动，在水田里抓起三条蚂蟥（又称为水蛭），放到疮口上。只见那三条蚂蟥蜷曲了一下，便叮住疮口拼命地吮吸起来。眼见三条蚂蟥的身子越来越粗，病人的瘀血越来越少了。这时，朱丹溪半开玩笑地说："你呀！好在是个穷叫化子。如果你是个为富不仁的财主，那么医好这个'对口'，少说也得稻谷五十石，说不定还得拖上两三个月才能收口呢，现在好点了吗？"病人高兴地说："好了！"

七天之后，汪财主的"对口"好了，叫人挑来五十石谷子酬(chóu)谢朱丹溪。朱丹溪这才恍(huǎng)然大悟(wù)，原来是受汪财主的骗了！不过，他还是心安理得地说："我朱丹溪能叫财主装叫化子，也不错呀！许多穷乡邻正需要接济，这五十石谷子当然照收不误！"于是他收了五十石谷子送给了当地的老百姓。

名医简介

　　李时珍（1518—1593年），字东璧，晚年自号濒（bīn）湖山人，湖北省蕲（qí）春县蕲州镇人，明代著名医药学家。他所著的药学巨著《本草纲目》为中药学的发展做出了巨大贡献，已经被翻译成日文、德文、英文等多种文字，在世界医药界占有重要地位，被国外学者誉（yù）为"东方药学巨典"。李时珍因此被后世尊为"药圣"。

李时珍与《本草纲目》

　　李时珍是一个正直的医生，他在太医院为官，由于看不惯朝廷乌烟瘴气的环境，辞去官职回到家乡。

　　在回家的路上，李时珍顺便游历了许多名山胜地。他上山不是为了欣赏景色，而是为了采草药，研究各种草木的药用性质。有一次，他到均州（今湖北均县）的武当山去，听说那里产一种榔梅，吃了能使人返老还童，人们把它称作"仙果"。宫廷的贵族都把它当作宝贝一样，要地方官吏年年进贡，并且禁止百姓采摘。李时珍可并不相信真有什么仙果。为了弄清真相，他冒着危险，攀登悬崖峭壁，采到了一颗榔梅，带回家乡。经过他详细研究，才知道那种果子只不过像一般梅子一样，有生津止渴的作用，根本谈不上是什么"仙果"。

　　李时珍从长期的医疗工作和采集药材的过程中，得到了不少与医药学有关的资料。他发现古代医书上的记载（zǎi）有不少错误，而且经过那么多年，人们又陆续（lù）发现了许多古代书上没有记载过的药草。于是他决心编写一本新的完备的药书。他历经 27 个寒暑，三易其稿，完成了 192 万字的药学巨著《本草纲目》。在这本书里，一共记录了 1892 种药物，收集了一万多个药方，为发展祖国的医药科学做出了巨大贡献。

李时珍与白花蛇

    李时珍在行医过程中，为了搞清白花蛇的形态，来到蕲州城北的龙峰山捕蛇（白花蛇为蕲州特产），看见几个肩背竹篓的捕蛇人，他们正朝着几棵石楠藤走去，据说白花蛇爱吃石楠藤的叶，所以石楠藤也就成了白花蛇的"家"，日夜盘缠在石楠藤上。捕蛇人发现白花蛇后，立即从地上捞起一把沙土，对准白花蛇撒去，说来也奇，白花蛇遇到沙土，真像面粉遇水一样，缩成了一团，捕蛇人立即上前用木叉往白花蛇的颈部叉去，另一手抓住蛇体的后部，这时白花蛇再也施展不出威力来了。李时珍上前去仔细观察了白花蛇的形态，只见蛇头似三角形，嘴里长着4只长牙，背上有24块斜方格，腹部还有斑纹，与一般的蛇确实不一样。接着，捕蛇人将蛇挂在路旁的小树上，用刀剖其腹，去其内脏，盘曲后装进了竹篓筐，据说，将蛇烘干后，才能当药用。李时珍记录了捕蛇过程中的每一个细节，补充到本草书上。据现代分析，证明白花蛇的提取物具有镇静、镇痛、扩张血管和降压作用。

名医简介

张景岳（1563—1640 年），本名介宾，字会卿，号景岳，别号通一子，因善用熟地黄，人称"张熟地"，浙江绍兴府山阴（今浙江省绍兴市）人。明代杰出医学家，温补学派的代表人物。

张景岳巧治怪病

夏秋时节，一妇女突然口吐白沫，口鼻皆冷，僵卧在地。家人急忙请来名医张景岳为她诊治。张景岳发现病人呼吸微弱，四肢冰冷，但是脉象缓和，与病情明显不符。等到了解了病人得病的经过后，他大声地对病人家属说："她的病很危险，我要用大壮艾炷灸她的眉心、人中及小腹部，否则就会性命难保。"病人听后微微抽动了一下。张景岳看到后，继续对病人家属说："不过，我刚好有一秘制药丸，如果她能吞下这个药丸，就会药到病除，到时就不用火攻了，要不让我来试一下吧。"这时病人的睫毛快速地抖动了一下。原来那妇人是因为一些小事与家人怄气，想诈病来吓一吓家人，听了张景岳的话，她害怕真的会用艾烧眉心和人中，想要说自己没有病，可又不好意思。忽听见吃了药丸就会药到病除，心中不由一喜。当张景岳试着向她的嘴里喂药时，她顺势一口将药丸吞了下去。病人家属及围观者均感叹张景岳是神医。

其实，张景岳给病人服下的不过是一粒助消化的保和丸。

真是心病还要心药医啊！

艾 叶（原植物）

艾 叶（饮片）

【歌诀】

艾叶温平，驱邪逐鬼，
止血安胎，腹痛可愈。

【谚语】

艾蒲洗了身，百病都不生。
洒了雄黄酒，百虫都远走。

【谜语】

义气无心以生草，古时有难口立十。
——打一中药名

名医简介

吴有性（约 1582—1652 年），字又可，号淡斋（zhāi），江苏吴县（现江苏省苏州市吴中区）人，生活在明末清初之际，是"温疫学派"的创始人。他根据自己的临床经验，著有《温疫论》一书，开创了温热病的辨证论治方案。

吴又可治疑难杂症

　　吴又可一生，治愈了很多病人，其中有很多患有疑难杂症的病人，吴又可的治疗往往是出奇制胜。有一次，一位老人出现大便不通，脘腹胀满，请其他医生医治，服用承气汤三天后，症状一点都没有缓解。老人的儿子赶忙请吴又可为其父亲医治，吴又可诊断后发现老人腹部疼痛难忍，四肢强直不能动，目闭口张，舌头僵硬，问话不能回答，脉实有力，苔上有芒刺，病情危重。一般医家，遇到此况，一定会考虑另立治法的。然而，吴又可则不然，他详细询问了病人服药剂量和服药情况，又仔细权衡了病人的症状、脉象和舌象，认为"下证悉具，药轻病重也"，于是他没有改变原方剂，而是将原方中大黄由原来的

一两增至一两五钱，让病人服用。病人连服七
天最终痊愈了，吴又可用药之妙，可见一斑。

吴又可与《温疫论》

明朝末年，天灾不断，饥荒数年，人口锐减，流民迁徙。1642年（明崇祯15年），全国瘟疫横行，十户九死。"一巷百余家，无一家仅免，一门数十口，无一仅存者"，一家都死光了，没人敢来收尸，有的新婚之家，新婚夫妇一起死在婚礼之上，有人骑马而行正在说话，后面的人突然吐血而亡。当时各地郎中的治疗均无效果，病情不断发展，各地因瘟疫死亡的人数不计其数。吴又可家乡的许多人也因瘟疫而亡，他不怕传染、不辞辛苦地在病区、病家为病人诊治疫病，并详细分析了瘟疫侵犯途径、传染方式和流行特点，刻苦钻研前人及民间有关传染病的治疗经验，制定了一套有效的防疫措施。他首先提出最重要的预防措施就是"戴口罩"，不过那时"口罩"是很简陋，就是把绢布裁成很多长条制作成面巾，用开水煮烫晾晒后，发给所有人，不戴面巾者不得出门。吴又可发现，病邪在人与人之间传播过程中，健康的人在与病患接触若干天后才会显现症状，他认为疫邪是需要时间才会显露，这就是我们所说的潜伏期，所以提出通过隔离病人、焚烧尸体及病人用品等方法，以阻止疫情扩散。在治疗方面，吴又可开具了由槟榔、厚朴、草果、知母、芍药、黄芩、甘草七味药组成达原饮的方剂，让军民按时服用，取得很好疗效。

吴又可亲历疫情，积累了丰富的资料。他推究病源，潜心研究，撰写成了《温疫论》一书，大胆提出"戾气"致病的学说，开创我国传染病学研究的先河，在世界传染病学史上也是一个伟大的创举。所谓"戾气"是一种有强烈传染性的致病因素，我们正在经历的新型冠状病毒正是"戾气"的一种。在抗击新冠肺炎疫情的战斗中，中西医两支医疗队伍并肩协^{xié}作，紧密配合，取得了良好的治疗效果，这显示了中西医结合的强大实力，也充分彰^{zhāng}显了中医药的特色优势。

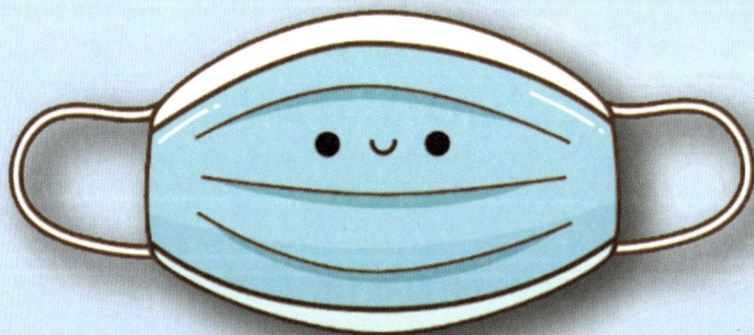

槟榔（原植物）

槟榔（饮片）

【歌诀】

槟榔辛温胃大肠，杀虫消积通便良，
胸腹气滞虫积痛，痰癖癥结腹满胀。

【谚语】

槟榔扶留，可以忘忧。

【谜语】

心中的解放军——打一中药名。

名医简介

黄元御（1705—1758年），名玉璐（lù），号研农，山东昌邑人，清代著名医学家，乾隆（qián lóng）皇帝的御（yì）医。他继承和发展了博大精深的中医学理论，对后世医家影响深远，被誉（yù）为"黄药师""一代宗师"，清军四川军医馆——久真堂的祖师爷。

黄元御突患眼疾立志行医

黄元御出身诗书家庭，自幼勤奋好学，颖悟异常，"百家诸子之论皆过目冰销，入耳瓦解"。他少年时就立下大志，要成为旷世之才，为一代名相治国济世。不料二十九岁那年，久困科场的黄元御，因用功过度，突患眼疾。他到处寻医问药，在治疗过程中，由于庸医误用了大黄、黄连等寒泄之剂，致使其左目完全失明。而立之年遭受庸医的药害，不但使黄元御失去左目，也使他心理上受到巨大的创伤。科举时代，五官不正，不准入仕，因为眼疾，使他没有办法为官，黄元御的仕途之路被彻底断送。哀痛之余，在当地名医、好友刘太吉的劝说下，他立志"生不为名相济世，亦当为名医济人"。于是，黄元御"杜门谢客，思黄帝、岐（qí）伯、越人、仲景之道……"他首先精心研读《黄帝内经素问》《灵枢（shū）经》《难（nàn）经》，继尔研读《伤寒论》与《金匮（guì）要略》。他学习勤奋严谨（jǐn），读书穷本溯（sù）源，花费大量时间与心血，集众人之智，成一家之长，写成了《黄氏医书八种》等十多部有独特见解的传世之作，并首创了用浮萍治疗瘟疫的疗法。在诊病治病过程中，黄元御每每都诊断准确，药到病除。行医不久，即名声遐（xiá）迩（ěr），誉满杏林，成为远近闻名的一代"神医"，当时人们将他与名医臧（zāng）枚（méi）吉并称"南臧北黄"。

黄元御为乾隆治病

乾隆十五年四月，黄元御北游至京，恰逢乾隆皇帝患病，众太医群思无策。多年行医中，黄元御早已名声远播，有许多达官贵人拜望求诊，也常有医士学子登门造访。住在京城半年，他治好了许多疑难病证，结识了不少医界好友，声誉越来越高。这时经人举荐，黄元御被宣进宫为乾隆帝治病。乾隆第一次诏见他时，黄元御推辞说："敝乃草民，不懂军臣大礼，恐万岁见责，有欺君之罪。"乾隆帝传谕："免恕一切，至宫廷时，对朕只行叩首之礼。"并令侍官带奉银及绫罗缎匹为礼。再诏黄氏进宫，黄元御又推辞说："无功不受禄，敝乃布衣之士，岂敢接受。"乾隆又赐以五品顶戴，按品赐银，再次传见。黄元御见再难推委，于是入宫。乾隆想试一试他医术的高低，就虚设一帐，令宫女躺在里面，只露一手在帐外，让黄元御诊脉。诊脉完毕，黄元御道："龙体凤脉，无药可医，恐不久于人世。"这话什么意思？就是说皇上应该是个男的，我怎么诊出个女的脉来了，这样的情况是不好的啊！乾隆听后心悦诚服，随即让他御诊，诊后乾隆帝问："朕得何病，应用何方治疗？"黄元御道："万岁小恙（yàng），乃七分药毒三分病，须先进两帖去药毒，继服一帖治所病。"乾隆一听，心想：言之有理，我本来就怀疑宫内御医们开的方子不对路，果然如此啊！于是，皇上就按方配服，一剂药病便消了一半，吃完第三剂药，病就痊愈了。乾隆非常高兴，赐以重（zhòng）金，黄元御坚辞不受，说："吾非为官为钱，愿为社稷（jì）治病救人。"乾隆便命他入太医院为御医，更是亲笔写下"妙悟岐（qí）黄"，赐予（yǔ）黄元御，并悬（xuán）挂于太医院门口。

浮萍（原植物）

浮萍（饮片）

【歌诀】
　　浮萍辛寒，发汗利尿，
　　透疹散邪，退肿有效。

【谚语】
　　发散风热浮萍草，清热解毒疗效好。

【谜语】
　　紫衣绿面，飘浮水面，
　　虽有根须，立身无地。
　　　　　　　　——打一中药名

77

名医简介

　　吴鞠通（1758—1836年），江苏省淮安人，是一位杰出的中医温病学家，代表作《温病条辨》，以擅治急性发热性疾病闻名于世，对内科杂病、妇科疾病、儿科疾病、针灸，以及心理疗法等也颇有造诣。他和张仲景比肩而立，并为我国中医药学史上的两大柱石，故有"伤寒宗仲景，温病有鞠通"之说。

吴鞠通不寻常法治疯癫 _{fēng diān}

    嘉庆十四年十月初二，有一位鲍姓病人的_{bào}家属找到了吴鞠通，请他为小鲍治病。

    这位鲍姓病人，小时候是一个勤奋好学的好孩子，寒窗苦读多年，因屡次参加科举考试_{lǚ}总是考不上，以致抑郁成病，在二十五岁时患_{yì yù}了疯癫之症，成天疯疯癫癫。七年来，几乎所有的名医，都被他的家人请遍了，怎么治也治不好。有些药吃完，确实能让他安静几天，但是过后很快又复发。家人请来吴鞠通为其诊治，等吴鞠通来的时候，只见小鲍蓬头垢面，_{péng gòu}衣不遮体，家人说他不让别人给他穿衣服，穿上也让他随手就撕了，并且总是毁坏物品，家_{sī}里的门窗，都被他拆毁好几次了。没办法家_{chāi huǐ}人给他戴上铁镣，一头拴在磨盘上，并且用树_{liào} _{mò}

条铁索绑住他的身体，这样他才能老实一些。吴鞠通看到这副情景，也是直皱眉。

　　吴鞠通看了之前医生开的方子，大多是滋补品。他为病人诊了脉，六部脉都弦长而劲，这哪里是虚证，这是实证，以前可能治反了，需要泻掉心、胆二经之火。于是吴鞠通开了一个由龙胆草、天冬、生地、胡黄连、麦冬、丹皮组成的清泻的药方，病人用药后，情况大为好转。这时候吴鞠通觉得，应该加一些滋补之品了，以免清泻太过。但是，这一改方子，患者病情复发了，整个人状态比以前还要疯狂！于是吴鞠通把第一次开的方子拿来，稍作加减，继续用苦泻之法。这一次，病人状态逐渐好转，一天比一天强，到第十一天，神智已经大大好转了，可以和人正常对话了。这时候，吴鞠通对病人进行了心理疏导，最后这位鲍姓病人终于痊愈了。

吴鞠通与《温病条辨》

　　吴鞠通一生发奋读书，精究医术，悬壶济世。他从小跟着父亲读书，希望日后在科举中有成就。乾隆四十一年，吴鞠通父亲因病去世，他痛恨自己不懂医术，如若知医，父亲必定不会死去。于是他决定放弃科举之路，刻苦钻研医学。吴鞠通开始遍览方书，刻苦研读，二十六岁时，吴鞠通被选入京，参与《四库全书》子集医学部分的抄写、检校工作。在此期间，他进一步研读晋、唐时期各家名医学说，受益匪浅。虽然他学业日精，但处事却慎之又慎，一直未敢坐堂行医，诊病治病。乾隆五十八年春夏间，北京突发瘟疫，因当时医生不识病因，仍用传统治疗方法进行治疗，死者不计其数。"十七年磨一剑"的吴鞠通在亲朋的鼓励下，利用叶天士治疗温病的方法，奋力抢救危重病人，救活数十人，自此他声名大振。吴鞠通在继承了叶天士理论的基础上，参(cān)古博今，结合临证经验，撰(zhuàn)写了《温病条辨》，促进温热病学说进一步发展，终成温病大家。而吴鞠通的另一重大贡献，就是在《温病条辨》中，为后人留下了许多优秀实用的方剂，如银翘散、藿香正气散、清宫汤、犀(xī)角地黄汤、安宫牛黄丸等，都是后世医家极为常用的方剂。

牛（原动物）

牛黄（饮片）

【歌诀】
　　牛黄凉苦入心肝，息风开窍又豁痰，
　　清热解毒消痈肿，惊痫抽搐是灵丹。

【谚语】
　　黄牛有病生牛黄，一两牛黄二两金。

【谜语】
　　厉害了，中国人！——打一中药名。

名医简介

　　张锡纯（1860—1933年），字寿甫，河北省盐山县人，中西医汇通学派的代表人物之一，近现代中国中医学界的泰^{tài}斗，中西医结合的先驱^{qū}。

张锡纯妙用山茱萸

有一位妇女得了霍乱，被剧烈的呕吐腹泻折腾了两天，情况非常不好。有人说张锡纯治病药到病除，不行请来试试。家人半信半疑，派人去请。等张锡纯来到家中，这个妇女已是"殓服在身"，家里人觉得无药可救，在为她准备后事了。张锡纯急了，说："你们着什么急啊，我还没治疗怎么就下结论了呢？只要一息犹存，即可挽回。"于是张锡纯赶紧给病人诊脉，发现脉象若有若无。情况危急，这个时候再去买药已经来不及了，正好这家的邻居是张锡纯的表兄，叫刘玉珍，张锡纯曾经给他也开过方子，里面有山茱萸这味药，张锡纯就让病人的家人先去刘玉珍家拿了六钱的山茱萸。于是，熬汤给病人服用了下去。不一会儿，患者就有了反应，呼唤她能回答了，呼吸也开始明显了一点。这时张锡纯嘱家人去买山萸肉二两，生山药二两，病人家属飞奔而去，不久，把药买了回来。张锡纯把药全部放入锅里，熬了一大碗，然后一点点给病人灌下去，病人的神气慢慢地恢复了。此后，在张锡纯的嘱咐下，病人每天用生山药一两，熬粥喝，不久，这位妇女就恢复了正常。张锡纯治病有个特点，就是能使用单味药的时候，就绝不多用其他的药。所以，张锡纯经常用一味药来治病，在古往今来的医家里面是独树一帜(zhì)的。

山茱萸（原植物）

山茱萸（饮片）

【歌诀】

　　山茱酸温归肾肝，补肾益肝除湿寒，
　　阳痿遗精小便频，腰疼耳鸣头眩晕。

【药性】

　　插一支山茱萸，身体健康心情爽。

【谜语】

　　满树娇花烂漫黄，
　　万枝金彩灼春融。

　　　　　——打一中药名

87

张锡纯巧用鸡内金

　　沈阳城西有个人叫龚庆龄，总觉得胃中有硬物堵塞，已经好几年了，食量日益减少，感觉吃什么东西都"不能下行"。这时，他听说有个叫张锡纯的医生，在沈阳建立了中国第一家中医院，很好奇，中医也有医院？于是，他马上跑到了张锡纯建立的立达中医院求治。张锡纯给他诊脉，其左手脉象沉而微弦，右手也是如此，张锡纯认为他胃中有食积，导致胃气难以下行，以致出现这样的症状。于是张锡纯开了方子：鸡内金一两、生酒曲五钱。就这么个简单的方子，一共就两味药，大家都不相信能治病。结果龚庆龄服了几剂以后，硬物全消，病好了。

　　还有一次，一位黑龙江某警察署的署长，

年近四十岁，他总觉得腹中胀满不舒，治疗了很长时间，没有效果。于是就回到沈阳，请张锡纯来治疗。经张锡纯诊断，发现病人呃（è）逆短气（nì），饮食减少，并且左胁（xié）下有积聚，按之甚硬，脉象沉弦。于是张锡纯用鸡内金三两，柴胡一两，研成粉末，每次用一钱半，每日服三次。十多天后，这个病人痊愈了。原来张锡纯认为病在身体的左侧，属肝气不升导致的疾病，所以用了柴胡，来升肝气，配合鸡内金化积消食，仅仅两味药便取得了良好的治疗效果。

鸡内金就是鸡胃中的一层内皮，是一味健脾消食的中药。

鸡（原动物）

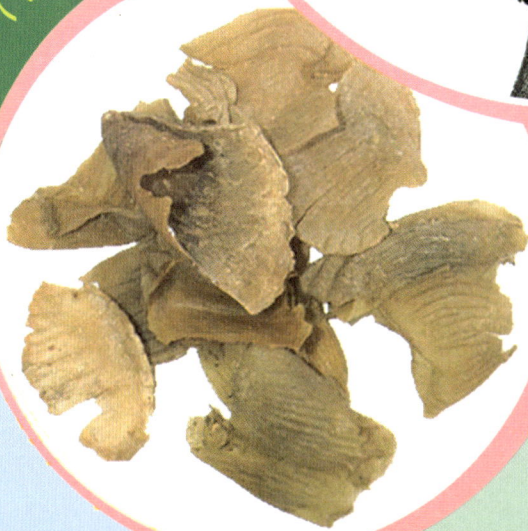

鸡内金（饮片）

【歌诀】

鸡内金寒，溺遗精泄，
禁痢漏崩，更除烦热。

【药性】

利湿退黄马蹄金，消食利胆鸡内金。

【谜语】

丁酉年预算经费——打一中药名。